0.50

Règlement ministériel du 23 mars 1894

SUR

LE RECRUTEMENT

LA RÉPARTITION, L'INSTRUCTION

L'ADMINISTRATION & L'INSPECTION

DES

OFFICIERS DE RÉSERVE

ET DES

OFFICIERS DE L'ARMÉE TERRITORIALE

Suivi du Décret du 23 mars 1894

PORTANT RÈGLEMENT SUR L'AVANCEMENT

LIMOGES

Félix PLAINEMAISON

IMPRIMEUR MILITAIRE

Rue Manigne, 17 *bis*

1894

RÈGLEMENT MINISTÉRIEL DU 23 MARS 1894

SUR

LE RECRUTEMENT, LA RÉPARTITION

L'INSTRUCTION

L'ADMINISTRATION ET L'INSPECTION

DES

OFFICIERS DE RÉSERVE

ET DES

OFFICIERS DE L'ARMÉE TERRITORIALE

Règlement ministériel du 23 mars 1894

SUR

LE RECRUTEMENT

LA RÉPARTITION, L'INSTRUCTION

L'ADMINISTRATION & L'INSPECTION

DES

OFFICIERS DE RÉSERVE

ET DES

OFFICIERS DE L'ARMÉE TERRITORIALE

Suivi du Décret du 23 mars 1894

PORTANT RÈGLEMENT SUR L'AVANCEMENT

LIMOGES

Félix PLAINEMAISON

IMPRIMEUR MILITAIRE

Rue Manigne, 17 *bis*

1894

RÈGLEMENT MINISTÉRIEL DU 23 MARS 1894

SUR

LE RECRUTEMENT, LA RÉPARTITION

L'INSTRUCTION

L'ADMINISTRATION ET L'INSPECTION

DES

OFFICIERS DE RÉSERVE

ET DES

OFFICIERS DE L'ARMÉE TERRITORIALE

SUIVI DU DÉCRET DU 23 MARS 1894, PORTANT RÈGLEMENT

SUR L'AVANCEMENT

TITRE 1er
Admission au grade de sous-lieutenant dans la réserve et l'armée territoriale.

CHAPITRE 1er

Sous-officiers de la réserve.

---

§ 1er. — Sous-officiers ayant servi trois ans dans l'armée active.

Art. 1er. — Tous les ans, au 1er août, le chef de corps fait établir l'état nominatif des sous-officiers libérables au cours de l'année d'inspection.

Il réunit le conseil de régiment qui, statuant à leur égard comme en matière de rengagement, désigne ceux d'entre eux qui, sous le rapport de l'instruction militaire, de l'instruction générale et des qualités morales, lui paraissent susceptibles de devenir officiers de réserve.

Les candidats ainsi désignés sont présentés par le chef de corps au général de brigade qui, après examen, accepte ou rejette les propositions qui lui sont soumises.

Cet officier général délivre aux candidats qu'il a acceptés l'autorisation de concourir pour le grade d'officiers de réserve et d'accomplir, pendant leur première année de service dans la réserve, la première période d'instruction à laquelle ils sont astreints comme réservistes.

Un état des autorisations ainsi délivrées est adressé au corps d'affectation de ces sous-officiers.

Art. 2. — Les dispositions de l'article précédent sont également applicables :

1º Aux sous-officiers libérés après quatre ou cinq années de service ou après un premier rengagement de cinq ans:

2º Aux caporaux ou brigadiers libérables dans l'année. inscrits au tableau d'avancement;

Les caporaux ou brigadiers acceptés par le général de brigade sont nommés sous-officiers le jour même de leur renvoi dans leurs foyers.

Art. 3. — Les dispositions des articles 1er et 2 ci-dessus sont respectivement applicables aux sous-officiers. ainsi qu'aux caporaux ou brigadiers inscrits au tableau d'avancement. qui sont libérés en exécution des dispositions de l'article 21 de la loi du 15 juillet 1889. avant d'avoir accompli trois années de service.

Toutefois. les caporaux et brigadiers qui n'auront pas encore six mois de grade au moment de leur renvoi dans leurs foyers ne seront nommés sous-officiers qu'après l'accomplissement de leur première période d'exercices.

§ 2. — Sous-officiers provenant des hommes incorporés pour un an dans l'armée active.

Art. 4. — Parmi les hommes du contingent qui ne sont astreints qu'à une année de service (art. 21. 22 et 23 de la loi du recrutement). tous les dispensés de l'article 23 sont affectés à l'infanterie.

Sont de même affectés à l'infanterie les jeunes gens dispensés des articles 21 et 22 qui possèdent une instruction générale permettant de les considérer comme susceptibles d'être compris ultérieurement dans la catégorie des candidats au grade d'officier de réserve.

Les uns et les autres sont incorporés dans le régiment d'infanterie de la subdivision de leur domicile.

Ceux qui sont domiciliés dans les gouvernements militaires de Paris et de Lyon sont incorporés en nombre égal dans les régiments subdivisionnaires des corps d'armée entre lesquels sont divisés, au point de vue du recrutement, les départements de la Seine, de Seine-et-Oise et du Rhône.

Art. 5. — Dans chaque corps d'infanterie. les jeunes soldats accomplissant une année de service (art. 21, 22 et 23 de la loi du recrutement), qui paraissent susceptibles de devenir officiers de réserve. sont présentés au colonel à la fin de la première période d'instruction.

Celui-ci examine l'instruction générale, les aptitudes diverses, la conduite et la manière de servir de chacun des candidats, et arrête définitivement la liste de ceux qu'il accepte comme tels.

Art. 6. — Le régiment forme avec ceux-ci un peloton spécial; leur instruction est dirigée suivant un programme particulier dans le but de les préparer, pour l'avenir, à l'examen qu'ils auront à subir pour le grade d'officier de réserve. Cette instruction est confiée spécialement à un officier.

Art. 7. — A l'expiration de leur première année de service, les jeunes gens du peloton spécial sont examinés sur les différentes matières qui leur ont été enseignées. L'examen est passé devant une commission présidée par un officier supérieur, et tous ceux qui y ont satisfait sont nommés caporaux dans le corps, au moment de leur renvoi dans la disponibilité.

Art. 8. — Les jeunes gens dispensés de l'article 23. nommés caporaux conformément aux dispositions de l'article 7 ci-dessus. accomplissent. dans le régiment où ils ont fait leur première année de service la période d'exercice, qui leur est imposée pendant leur troisième année.

A l'expiration de cette période, ils sont examinés par le conseil de régiment dans les mêmes conditions que les caporaux inscrits au tableau d'avancement (art. 2) et présentés au général de brigade. qui dresse la liste de ceux qui lui paraissent aptes à devenir officiers de réserve.

Les jeunes gens ainsi acceptés sont nommés sous-officiers le jour même de leur renvoi dans leurs foyers; ils restent affectés au régiment. et reçoivent du général de brigade l'autorisation d'accomplir par anticipation. pendant leur première année de service dans la réserve, leur première période d'exercices comme réservistes.

Le corps conserve la liste des autorisations ainsi accordées et en adresse copie au commandant du bureau de recrutement de la subdivision.

Art. 9. — Les jeunes gens dispensés des articles 21 et 22. nommés caporaux dans les conditions indiquées à l'article 7. ne peuvent être classés dans la catégorie des candidats au grade d'officier de réserve que s'ils accomplissent volontairement. au cours de leur troisième année de service, une période d'exercices comme les dispensés de l'article 23; les mêmes dispositions leur sont alors applicables.

§ 3. — Anciens engagés conditionnels.

Art. 10. — Les anciens engagés conditionnels qui désirent concourir pour le grade de sous-lieutenant de réserve adressent leur demande au général commandant la subdivision de leur domicile.

Cet officier général fait parvenir la demande des candidats appartenant à l'infanterie au régiment d'infanterie de la subdivision où est domicilié le candidat. Il adresse respectivement celles des candidats appartenant à la cavalerie et à l'artillerie au général commandant la brigade de cavalerie ou au général commandant la brigade d'artillerie de la région. qui les transmettent à l'un des régiments sous leurs ordres; enfin les demandes des candidats appartenant au génie sont envoyées au colonel sous les ordres duquel se trouve placé le bataillon du génie du corps d'armée.

Les demandes sont soumises à l'appréciation du conseil de régiment et à l'acceptation du général de brigade qui délivre, s'il le juge convenable, aux intéressés, l'autorisation d'accomplir leur première période d'exercices dans la réserve dans les mêmes conditions que les sous-officiers candidats au grade d'officier de réserve (art. 1er).

Art. 11. — Les anciens engagés conditionnels qui ont déjà accompli leur première période d'instruction peuvent être proposés pour le grade de sous-lieutenant de réserve dans les conditions indiquées à l'article 19 ci-après.

Ils peuvent également demander à accomplir une période supplémentaire, afin de ne pas être obligés d'attendre la deuxième convocation de leur classe pour être proposés.

Art. 12. — Les commandants des bureaux de recrutement du domicile des candidats sont informés par les corps des autorisations ainsi accordées.

§ 4. — Dispositions communes à tous les candidats au grade d'officier de réserve.

Art. 13. — Les sous-officiers autorisés, comme candidats au grade d'officier de réserve, à accomplir leur première période d'exercice pendant leur première année de service dans la réserve, et les engagés conditionnels auxquels a été délivrée l'autorisation prévue à l'art. 10 sont convoqués par ordres d'appels individuels pour accomplir cette période dans le corps auquel ils sont affectés.

Art. 14. — Dans chaque subdivision, le commandant du bureau du recrutement adresse au général commandant cette subdivision la liste des candidats au grade d'officier de réserve pour lesquels il a été établi des ordres individuels de convocation.

Le général fait recueillir, pour chacun des candidats, les divers renseignements qui, en dehors de la question d'instruction militaire, doivent permettre d'apprécier la convenance qu'il peut y avoir à conférer à ces candidats le grade de sous-lieutenant de réserve.

Il adresse les résultats de l'enquête au général de brigade sous les ordres duquel est placé le corps dans lequel le candidat accomplit sa période d'instruction. Ces renseignements doivent parvenir à cet officier général quelques jours au moins avant le commencement de cette période ; celui-ci les transmet au chef de corps intéressé.

Art. 15. — A l'expiration de la période d'exercices, l'aptitude technique des candidats est constatée par un examen passé devant une commission spéciale composée de trois officiers, dont un officier supérieur président.

Pour chaque arme, l'examen porte exclusivement sur les matières insérées au programme annexé au présent règlement. ·

Art. 16. — Le général de brigade, se basant sur les états de service des candidats, sur les notes qui leur ont été données pendant leur séjour sous les drapeaux, sur les notes obtenues à l'examen d'aptitude technique prévu à l'article 15, ainsi que sur les renseignements d'ordre moral fournis par l'enquête, arrête la liste des candidats qui devront être immédiatement proposés pour le grade d'officier de réserve. Il en établit la liste par ordre de préférence.

Art. 17. — Les mémoires de proposition accompagnés :
1º D'une feuille individuelle, modèle A ;
2º De la demande du candidat;
3º D'un extrait d'acte de naissance sur papier libre ;
4º D'un extrait du casier judiciaire sur papier libre ;
Sont adressés au général commandant le corps d'armée, avec la liste de préférence arrêtée par le général de brigade. Le commandant du corps d'armée transmet ces propositions au ministre, avec son avis personnel.

Art. 18. — Le général de brigade établit une liste des candidats qui n'ont été acceptés par lui, et indique pour chacun d'eux, le motif de l'exclusion. Il signale ceux d'entre eux qui, en raison de leurs aptitudes militaires, pourraient être nommés adjudants de réserve. Cette liste est adressée au commandant du corps d'armée pour être transmise au ministre avec les autres documents indiqués à l'article 17.

Art. 19. — Les candidats qui n'ont pas été admis par le général de brigade peuvent demander à être de nouveau, après l'accomplissement de leur deuxième période d'exercices, soumis à l'acceptation de cet officier général.

Ils seront convoqués pour cette deuxième période avec les réservistes de leur classe.

Toutefois, le général de brigade peut accorder aux sous officiers qui en font la demande l'autorisation d'accomplir une période supplémentaire l'année suivante ; ils sont alors convoqués en même temps que les candidats appelés cette même année.

Un candidat qui n'a pas été admis par le général de brigade conserve. en principe, l'affectation qui lui a été donnée comme réserviste. En aucun cas. il ne peut être présenté de nouveau comme candidat au grade d'officier de réserve par un autre corps de troupe que son corps d'affectation.

§ 5. — Agents des administrations de chemins de fer.

Art. 20. — Les dispositions des articles précédents ne s'appliquent pas aux agents que les administrations de chemins de fer doivent présenter pour occuper les emplois de sous-lieutenants de réserve dans le 5ᵉ régiment du génie. Leur nomination s'effectue suivant la procédure et dans les conditions indiquées par le règlement du 28 novembre 1891 sur la participation des administrations de chemins de fer au recrutement. à l'instruction technique et à la constitution des effectifs de guerre dudit régiment.

CHAPITRE II

Sous-officiers de l'armée territoriale.

---

§ 1ᵉʳ. — Sous-officiers
et engagés conditionnels appartenant à l'armée territoriale.

Art. 21. — Les sous-officiers de l'armée territoriale et les anciens engagés conditionnels appartenant à l'armée territoriale, qui désirent concourir pour le grade de sous-lieutenant de l'armée territoriale. adressent une demande au général commandant la subdivision de leur domicile.

Cet officier général fait parvenir les demandes des candidats appartenant à l'infanterie au régiment d'infanterie de la subdivision où est domicilié le candidat. Il adresse respectivement celles des candidats appartenant à la cavalerie et à l'artillerie, au général commandant la brigade de cavalerie et au général commandant la brigade d'artillerie de la région, qui les transmettent à l'un des régiments sous leurs ordres ; enfin les demandes des candidats appartenant au génie sont envoyées au colonel sous les ordres duquel se trouve placé le bataillon du génie du corps d'armée.

Ces divers candidats sont convoqués par ordres d'appel individuels, pour accomplir une période d'exercices supplémentaires d'une durée de huit jours. que l'on fait correspondre à la dernière semaine d'exercices des candidats au grade de sous-lieutenant de réserve (art. 13).

Les commandants de recrutement reçoivent des corps les indications nécessaires pour effectuer ces convocations.

Art. 22. — L'examen des candidats et l'établissement des mémoires de proposition. pour ceux d'entre eux qui sont admis par le général de brigade s'effectuent dans les conditions déterminées par les articles 14, 15, 16 et 17 ci-dessus.

Le nombre des propositions à faire ne doit pas être subordonné au nombre de vacances existant dans le régiment territorial de la subdivision ; il ne dépend que de l'aptitude des candidats.

Art. 23. — Les candidats qui n'ont pas été reconnus admissibles peuvent être autorisés par le général de brigade à accomplir une deuxième période supplémentaire l'année suivante. Ils peuvent également, pendant l'accomplissement de leur période de treize jours, être admis à subir l'examen d'aptitude prescrit par l'article 15 et être proposés dans les conditions indiquées aux articles 14, 15 et 16.

En aucun cas, ils ne peuvent être présentés de nouveau comme candidat au grade d'officier de l'armée territoriale par un autre corps de troupe que celui qui les a proposés la première fois.

§ 2. — Sous-officiers de l'armée active retraités après quinze années de service.

Art. 24. — Les dispositions des articles précédents ne sont pas applicables aux sous-officiers retraités après quinze années de service ; ces sous-officiers sont proposés, s'il y a lieu, au moment de leur libération, pour le grade de sous-lieutenant dans l'armée territoriale par le chef de corps, sans examen préalable, et cette proposition suit la voie hiérarchique.

TITRE II

Affectations des officiers aux différents corps ou services.

CHAPITRE 1er

Officiers de réserve.

Art. 25. — Lors de leur nomination, les officiers de réserve, quelle que soit leur origine, sont affectés, autant que possible, au corps de leur arme ou subdivision d'arme le plus rapproché de leur domicile.

Les affectations sont faites dans l'ordre suivant :

1o Infanterie

Régiments subdivisionnaires. — Les officiers sont affectés d'abord au régiment subdivisionnaire de leur domicile, et faute de vacances, aux régiments subdivisionnaires de la brigade, de la division et du corps d'armée.

Régiments régionaux et bataillons de chasseurs à pied. — Les officiers sont affectés d'abord au régiment régional ou au bataillon de chasseurs à pied dans la circonscription de réserve duquel ils sont domiciliés.

Subsidiairement, les officiers des corps d'infanterie peuvent être affectés aux corps de même arme des régions voisines les plus rapprochés de leur domicile.

2o Autres armes et services.

Les officiers sont affectés d'abord aux corps de même arme ou aux services de la région de corps d'armée dans laquelle ils sont domiciliés.

Faute de vacances, ils sont affectés aux corps ou services similaires des régions voisines les plus rapprochés de leur domicile.

Art. 26. — Pour les sous-officiers nommés sous-lieutenants de réserve. les affectations sont faites en suivant l'ordre de préférence établi par le général de brigade (art. 17).

Art. 27. — Les officiers retraités provenant des officiers hors cadres sont affectés comme officiers de réserve aux corps de troupe de leur arme, d'après les règles établies à l'article 25.

Art. 28. — La répartition des officiers de réserve entre les différentes unités d'un corps de troupe est établie par le général commandant le corps d'armée, sur la proposition du chef de corps de l'armée active.

Un certain nombre d'officiers de réserve peuvent être affectés à des unités du corps territorial correspondant.

CHAPITRE II

Officiers de l'armée territoriale.

Art. 29. — Les règles établies au chapitre précédent sont applicables aux officiers de l'armée territoriale.

Les officiers de réserve que leur âge appelle à passer dans l'armée territoriale. et qui n'ont pas demandé à être conservés dans la réserve de l'armée active. sont, autant que possible. maintenus dans le corps territorial correspondant au corps actif qu'ils quittent.

Art. 30. — La répartition des officiers de l'armée territoriale entre les différentes unités d'un corps de troupes de l'armée territoriale est établie par le général commandant le corps d'armée, sur la proposition du chef de corps de l'armée active correspondant.

Un certain nombre d'officiers de l'armée territoriale peuvent, sur leur demande, être affectés à des unités de l'armée active.

CHAPITRE III

Officiers détachés (réserve et armée territoriale).

§ 1er. — Infanterie, cavalerie, artillerie.

Art. 31. — Dans l'infanterie. la cavalerie et l'artillerie, les officiers de réserve et de l'armée territoriale sont tous affectés à des corps de troupes.

Ils peuvent, sur la proposition des chefs de corps de l'armée active. être désignés pour un emploi dans le service d'état-major, l'état-major particulier de l'artillerie, le service des remontes et réquisitions. le service des étapes, etc. Dans ce cas, ils sont placés à la suite de leur corps, auquel ils restent affectés.

§ 2. — Génie.

Art. 32. — Dans le génie, les officiers de réserve et de l'armée territoriale sont répartis entre les corps de troupe et l'état-major particulier par le ministre‘ qui détermine, en outre, l'affectation à assigner à chacun d'eux pour le temps de guerre.

Ceux d'entre eux qui sont désignés pour un emploi en dehors des services de l'arme sont placés à la suite de l'état-major particulier du génie.

CHAPITRE IV

*Dispositions communes aux officiers de réserve
et de l'armée territoriale.*

—————

§ 1er. — Changements de corps ou d'emplois.

Art. 33. — Le ministre peut toujours prononcer d'office les changements de corps ou d'emplois nécessités par l'intérêt du service, dans le personnel des officiers de réserve et de l'armée territoriale.

Les officiers de réserve et de l'armée territoriale peuvent être autorisés par le ministre à changer de corps ou d'emploi, pour convenances personnelles, avec l'approbation des chefs de corps ou de service intéressés.

§ 2. — Droits au commandement.

Art. 34. — Les droits au commandement des officiers de l'armée active, des officiers de réserve et de l'armée territoriale sont déterminés par le décret du 20 octobre 1892 sur le service intérieur des corps de troupes. (Principes généraux de la subordination).

TITRE III

Instruction des officiers de réserve et de l'armée territoriale.

—————

CHAPITRE 1er

Direction de l'instruction.

—————

**§ 1er. — Devoirs des officiers généraux et des
chefs de corps ou de service.**

Art. 35. — La solidité de nos formations de réserve dépend en grande partie de la valeur des officiers de réserve et de l'armée territoriale. L'instruction de ces officiers doit être l'objet de la sollicitude constante des chefs de corps ou de service et des officiers généraux, à tous les degrés de la hiérarchie.

Leur action à cet égard doit s'exercer non seulement au cours des périodes d'exercice, mais toute l'année en dehors de ces périodes. Ils doivent s'efforcer de donner aux officiers désireux d'augmenter leurs connaissances militaires toutes les facilités compatibles avec leurs intérêts et leur situation dans la vie civile. Ils saisissent toutes les occasions de les mettre en rapport avec les officiers de l'armée active et de développer les sentiments de confiance et de solidarité qui doivent unir tous les officiers d'une même armée.

Art. 36. — Tout chef de corps est chargé d'assurer, sous sa responsabilité, l'éducation militaire et l'instruction technique des officiers du corps actif et du corps de réserve placés sous ses ordres. Il a les mêmes obligations vis-à-vis des officiers du corps territorial rattaché au corps qu'il commande.

Il est secondé, dans l'accomplissement de ce devoir important, par le chef de corps de réserve et le chef de corps territorial.

Les mêmes obligations incombent aux chefs des divers services vis-à-vis des officiers ou assimilés de réserve ou de l'armée territoriale affectés aux services dont ils doivent assurer ou préparer le fonctionnement en cas de mobilisation.

Art. 37. — Les moyens propres à développer l'instruction des officiers et assimilés de réserve ou de l'armée territoriale, comprennent:

1° Les convocations périodiques;
2° Les stages obligatoires;
3° Les stages volontaires;
4° Les écoles d'instruction;
5° Les exercices ou manœuvres auxquels les officiers sont autorisés à assister.

CHAPITRE II

Convocations périodiques.

—————

§ 1er. — **Officiers de réserve.**

Art. 38. — Les officiers de réserve sont, en principe, convoqués tous les deux ans, pour une période d'exercices de vingt-huit jours, depuis l'époque de leur nomination jusqu'à leur passage dans l'armée territoriale.

Toutefois les convocations sont réglées de manière qu'ils soient appelés en même temps que les unités auxquelles ils appartiennent sans qu'il puisse en résulter d'ailleurs une augmentation du nombre total des périodes d'exercices auxquels ils sont astreints.

Art. 39. — Les officiers de réserve sont convoqués par les soins des chefs de corps ou de service de l'armée active, et au moins deux mois à l'avance.

Pour les convocations qui ne correspondent pas à celles des unités auxquelles ils appartiennent, la date des appels est fixée de manière à concilier autant que possible les intérêts des officiers avec leur degré d'instruction.

Ceux qui, en raison de leurs emplois spéciaux ou de leurs connaissances militaires, peuvent utilement profiter des manœuvres d'automne ou des exercices spéciaux à leur arme (tirs de combat, écoles à feu, etc.) sont appelés de préférence à y prendre part.

Art. 40. — Les officiers de réserve concourent au service général de l'unité à laquelle ils sont affectés. Ils assistent, en outre, à des séances d'instruction théorique et pratique spécialement organisées pour eux d'après un programme qui est arrêté à l'avance et leur est adressé avant la convocation. avec l'indication des parties des règlements qu'il leur est utile de revoir.

Art. 41. — A la fin de chaque période. les résultats obtenus au point de vue de l'instruction théorique et pratique des officiers sont constatés par l'inspecteur général du corps ou service de l'armée active auquel ils sont rattachés ou par son délégué, afin de s'assurer si tous les officiers sont bien préparés à leur rôle en cas de mobilisation.

Les méthodes employées et les résultats de cette instruction sont l'objet d'une mention particulière dans l'ordre d'inspection générale, mention qui peut être notifiée aux officiers de réserve.

Art. 42. — Au cours des périodes d'exercices. le chef de corps présente. pour l'avancement. les officiers de réserve qui. au 31 décembre de l'année courante, remplissent les conditions d'ancienneté fixées par le décret portant règlement sur l'avancement, et qui se sont montrés dignes de cette faveur par leur zèle, leur dévouement. l'étendue de leurs connaissances techniques et leur aptitude au commandement.

Art. 43. — Les officiers ou assimilés affectés aux différents services de l'armée sont soumis aux mêmes règles et au mêmes obligations que ceux des corps de troupe.

Toutefois. l'époque et la durée de leurs convocations sont subordonnées à l'importance des crédits alloués pour cet objet aux chefs des services auxquels ils sont affectés.

Dans la limite des crédits qui lui sont attribués. tout chef de service emploie les fonds mis à sa disposition au mieux des intérêts de l'instruction des officiers ou assimilés de réserve placés sous ses ordres.

Les officiers du service d'état-major peuvent être appelés à accomplir tout ou partie de leurs périodes d'exercices dans un corps de troupes.

Art. 44. — Les inspecteurs généraux des divers services ou leurs délégués constatent, soit par eux-mêmes. autant que cela est possible. soit par les comptes rendus qui leur sont adressés. les méthodes employées et les résultats obtenus au point de vue de l'instruction théorique et pratique des officiers ou assimilés de réserve. Ces questions font l'objet d'une mention spéciale dans l'ordre d'inspection générale de ces services.

Art. 45. — Les médecins de réserve sont tous convoqués par le directeur du service de santé du corps d'armée auquel ils appartiennent. Ceux qui sont affectés à des corps de réserve ou de l'armée territoriale sont appelés en même temps que leurs unités, après concert entre le chef de corps de l'armée active et le directeur du service de santé.

Art. 46. — Les vétérinaires de réserve sont appelés par les soins des chefs de corps de l'armée active.

Art. 47. — Les officiers ou assimilés de réserve affectés à des corps ou services du 19ᵉ corps d'armée et des troupes d'occupation de Tunisie et domiciliés en France sont, pour leur instruction, rattachés aux corps de troupes de leur arme ou aux services les plus voisins de leur résidence, par les soins du commandement territorial.

A cet effet, le général commandant le 19ᵉ corps d'armée et le commandant des troupes d'occupation de la Tunisie font connaitre aux généraux commandant les corps d'armée les noms des officiers dont l'instruction doit ainsi être assurée en France.

§ 2. — Officiers de l'armée territoriale.

Art. 48. — Les officiers de l'armée territoriale sont astreints à accomplir tous les deux ans une période d'exercices de quinze jours, en principe avec l'unité à laquelle ils appartiennent.

Les lieutenants-colonels commandant les régiments territoriaux d'infanterie et d'artillerie et les chefs de bataillon commandant les bataillons territoriaux de zouaves. de chasseurs à pied et du génie assistent. autant que possible. à toutes les périodes accomplies par les unités placées sous leurs ordres.

Art. 49. — Les officiers des corps territoriaux sont convoqués par les soins des chefs de corps de l'armée active.

Les chefs de corps territoriaux assurent l'instruction et le service général de leurs unités sous la direction et l'impulsion des chefs de corps de l'armée active.

Art. 50. — Le chef de corps de l'armée active arrête le tableau de service et le programme de l'instruction à donner aux cadres et aux unités de l'armée territoriale.

Ce programme comprend, pour les officiers, des séances d'instruction théorique et pratique appropriées au rôle qu'ils doivent remplir en cas de mobilisation.

Le chef de corps de l'armée active détermine dans qu'elle mesure le personnel, officiers et troupe, de l'armée active doit prêter son concours aux cadres et aux unités de l'armée territoriale. Il répartit entre le corps actif et le corps territorial. au mieux des intérêts du service, toutes les ressources matérielles d'instruction dont il dispose.

Art. 51. — Il suit attentivement la marche de l'instruction des unités et des officiers du corps territorial. Dans les corps fractionnés, il se rend, toutes les fois qu'il le juge utile, à la portion près de laquelle sont constituées les unités territoriales.

Art. 52. — Au cours de la période, les méthodes employées et les résultats obtenus sont constatés par l'inspecteur général du corps actif ou par son délégué ; ils font l'objet d'un ordre qui est communiqué au corps territorial, et qui est annexé à l'ordre d'inspection générale du corps actif de rattachement.

Art. 53. — Les unités des escadrons territoriaux du train des équipages militaires n'étant pas constituées pour les réunions du temps de paix, les officiers de ces escadrons sont convoqués par les soins du chef de corps de l'armée active à l'époque de l'année la plus favorable à l'intruction de ces officiers.

Ils sont appelés simultanément ou par séries échelonnées.

Ils concourent au service général de l'escadron et leur instruction est assurée et constatée dans les conditions déterminées ci-dessus.

Art. 54. — Les officiers et assimilés de l'armée territoriale affectés aux différents services de l'armée sont soumis aux mêmes obligations que les officiers des corps de troupes.

L'époque et la durée de leurs convocations sont subordonnées à l'importance des crédits alloués aux chefs des services auxquels ils sont affectés.

Art. 55. — Les dispositions de l'article 47 sont applicables aux officiers et assimilés appartenant à des corps ou services de l'Algérie ou de la Tunisie et domiciliés en France.

CHAPITRE III

Dispenses. — Ajournements. — Devancements d'appel. — Changements de destination.

———

§ 1ᵉʳ. — Dispenses.

Art. 56. — Les officiers et assimilés de réserve et de l'armée territoriale dont l'instruction militaire et dont la préparation au rôle qu'ils auront à accomplir en temps de guerre ont été reconnues complètes peuvent, sur leur demande, être dispensés d'une ou plusieurs des périodes d'exercices auxquelles ils sont astreints aux termes des articles 38 et 48 du présent règlement, si toutefois les nécessités du service le permettent.

Toute demande de dispense est accompagnée de l'avis motivé du directeur de l'école d'instruction à laquelle est inscrit l'officier ou assimilé (art. 74) et du chef de corps ou de service auquel il appartient. Elle est transmise dans les formes prescrites par l'article 129 au général commandant le corps d'armée, qui statue.

Art. 57. — Les officiers et assimilés dégagés de toute obligation militaire, qui ont été maintenus dans les cadres de la réserve ou de l'armée territoriale, ne sont convoqués en temps de paix que s'ils y ont préalablement consenti.

§ 2. — Ajournements.

Art. 58. — Les officiers et assimilés convoqués pour une période d'exercices peuvent être ajournés sur leur demande, si cette mesure est justifiée par des motifs légitimes ou si l'appel de ces officiers ou assimilés est de nature à compromettre le fonctionnement des services publics auxquels ils sont attachés.

Toute demande d'ajournement est transmise par le chef de corps ou de service au général commandant la subdivision du domicile ou de la résidence de l'officier intéressé. Cet officier général, après enquête, statue et rend compte au commandant de corps d'armée.

Art. 59. — L'appel de l'officier ou assimilé est reporté à une date ultérieure fixée par le chef de corps ou de service de l'armée active d'après les nécessités du service en tenant compte, autant que possible, des convenances personnelles de l'officier.

L'officier de l'armée territoriale ajourné peut être appelé à accomplir sa période d'exercices dans un corps de troupes de l'armée active.

§ 3. — Devancements d'appel.

Art. 60. — Les officiers et assimilés peuvent obtenir l'autorisation d'accomplir, par devancement d'appel, leur période d'exercices avant la date fixée pour leur convocation.

Les demandes de cette nature doivent être fondées sur des raisons sérieuses; elles sont soumises aux mêmes formes que les demandes d'ajournement.

§ 4. — Changements de destination.

Art. 61. — Les officiers ou assimilés affectés à des corps ou services éloignés de leur résidence peuvent, mais à titre exceptionnel, être autorisés à accomplir leur période d'exercices dans un corps ou service de la région de corps d'armée dans laquelle ils résident.

Les deux chefs de corps ou de service intéressés sont consultés, et le général commandant la région prononce.

CHAPITRE IV

Stages.

---

§ 1er. — Stages obligatoires.

Art. 62. — Les officiers ou assimilés de réserve ou de l'armée territoriale dont l'instruction militaire a été, au cours d'une période d'exercices, reconnue insuffisante, sont appelés l'année suivante pour accomplir un stage obligatoire d'une durée d'un mois au plus pour les officiers et assimilés de réserve, de quinze jours au plus pour ceux de l'armée territoriale.

Art. 63. — Les officiers et assimilés sont désignés pour faire un stage obligatoire sur la proposition du chef de corps ou de service acceptée par l'inspecteur général ou par son délégué.

Art. 64. — Ils sont convoqués à l'époque la plus favorable à leur instruction. Ils sont, pendant ce stage obligatoire, considérés à tous les points de vue comme accomplissant une période normale d'exercices.

§ 2. — Stages volontaires avec solde.

Art. 65. — Les officiers ou assimilés de réserve et de l'armée territoriale désireux de développer leur instruction militaire peuvent, dans la limite des crédits budgétaires, être autorisés à accomplir des stages avec solde d'une durée d'un mois pour les officiers ou assimilés de réserve, et de quinze jours au moins à un mois au plus pour les officiers ou assimilés de l'armée territoriale.

Aucun officier de réserve ou assimilé ne peut, au cours de la même année, être convoqué avec solde pendant plus de deux mois, à quelque titre que ce soit.

Art. 66. — Les demandes de stage volontaire avec solde sont soumises aux chefs de corps ou de service de l'armée active qui statuent et convoquent, s'il y a lieu, les intéressés. Il est rendu compte au général commandant le corps d'armée des autorisations ainsi accordées.

Art. 67. — Les stages volontaires avec solde ne peuvent être accomplis que dans le corps ou service auquel appartient l'officier ou assimilé.

Art. 68. — Pendant ces stages, l'officier ou assimilé est considéré, à tous les points de vue, comme accomplissant une période normale d'exercices.

§ 3. — Stages volontaires sans solde.

Art. 69. — Les officiers ou assimilés de réserve et de l'armée territoriale peuvent, sur leur demande, être autorisés à faire un stage, sans solde, d'une durée de huit jours au moins et de trois mois au plus: ce stage peut être fait dans un corps ou service autre que celui auquel appartient l'officier ou assimilé; il est soumis aux mêmes dispositions que les autres stages, avec cette différence qu'il ne donne droit à aucune solde ou indemnité.

La demande est adressée au chef de corps ou de service de l'officier: elle est transmise par la voie hiérarchique au chef du corps ou du service dans lequel il désire faire son stage volontaire. Ce dernier statue et rend compte au commandant du corps d'armée.

CHAPITRE V.

Ecoles d'instruction.

---

§ 1er. — Objet et fonctionnement des écoles d'instruction.

Art. 70. — Les écoles d'instruction ont pour but de préparer les officiers ou assimilés de réserve et de l'armée territoriale aux fonctions qu'ils doivent exercer pendant les périodes d'exercices, de développer d'une manière constante et progressive leur instruction, et d'entretenir en eux l'esprit de corps en les mettant en rapports fréquents avec les chefs de corps ou de service sous les ordres desquels ils doivent servir, soit en temps de paix, soit en temps de guerre.

Art. 71. — Les directeurs des écoles d'instruction appartiennent à l'armée active.

Art. 72. — L'année d'instruction commence en principe le 1er novembre et se termine le 1er août.

Les séances d'instruction ont lieu une fois par semaine et de préférence dans la matinée du dimanche, de manière à réunir le plus grand nombre d'officiers possible.

La saison d'hiver, du 1er novembre au 1er avril, est employée aux théories ou conférences. Le programme des connaissances exigées des candidats pour l'avancement (Annexe n° 1 du présent règlement), peut servir de guide dans le choix des sujets à traiter.

Le bon fonctionnement de cette institution repose essentiellement sur la valeur, l'activité et le dévouement des directeurs des écoles d'instruction; ceux-ci ne doivent donc jamais perdre de vue l'importance de la mission qui leur est confiée; ils s'attachent à augmenter progressivement l'intérêt des conférences ou des théories, et à rendre cette instruction attrayante et surtout pratique.

Les exercices sur le terrain ont lieu dans la belle saison, généralement du 1er avril au 1er août. Ils se bornent à des manœuvres simples sur le champ de manœuvres ou en terrain varié, et à des applications du service en campagne.

Les troupes nécessaires à cette instruction sont mises à la disposition de l'école par les commandants d'armes. Si les exercices ont lieu le dimanche, elles sont prises dans les fractions de la garnison commandées de piquet et doivent être rentrées dans leurs quartiers pour la soupe du matin.

Les officiers qui doivent être montés en temps de guerre prennent part à cheval aux exercices pratiques, toutes les fois qu'il est possible de mettre des montures à leur disposition.

Art. 73. — Les écoles d'instruction sont soumises aux règles générales concernant la discipline, la tenue et l'instruction. (Voir article 130).

La tenue militaire est obligatoire pour les exercices pratiques et les tirs; elle est facultative pour les conférences et les théories.

Art. 74. — Tout officier ou assimilé de réserve ou de l'armée territoriale doit être inscrit à une école d'instruction, en principe à celle qui se trouve la plus rapprochée de sa résidence.

Il adresse à cet effet sa demande à son chef de corps ou de service, si ce corps ou service est stationné dans la région de corps d'armée. Dans le cas contraire, il s'adresse directement au général commandant la subdivision, qui lui fait connaître l'école d'instruction dont il est autorisé à suivre les cours; l'officier ou assimilé en informe son chef de corps ou de service.

Art. 75. — Tous les ans, au 1er octobre, les directeurs des écoles d'instruction envoient aux officiers ou assimilés autorisés à en suivre les cours, le programme des conférences et des exercices pratiques qui auront lieu au cours de l'année d'instruction, à partir du 1er novembre suivant.

Les officiers ou assimilés leur accusent réception de cette communication et leur font connaître la date de la première séance à laquelle ils comptent pouvoir se rendre.

Les directeurs des écoles adressent aux officiers qui ont à se déplacer un ordre de convocation avec les titres nécessaires pour assurer leur transport au tarif militaire sur les chemins de fer, à l'aller et au retour (1).

Art. 76. — A l'issue de chaque séance d'instruction, l'état nominatif des officiers qui y ont assisté est adressé par le directeur de l'école au général de brigade ou directeur du service qui, aux termes des articles 79, 80 et 81, en a l'inspection permanente.

Art. 77. — Au 1er juillet de chaque année, il est établi par le directeur de l'école, pour chacun des officiers inscrits à cette école d'instruction, une feuille de notes spéciales du modèle B joint au présent règlement.

Cette feuille de notes est adressée, par la voie hiérarchique, au chef de corps ou de service dont relève l'officier, et est annexée à son feuillet du personnel.

Il est tenu compte des renseignements qu'elle contient pour l'établissement de la feuille de notes définitive de l'officier et pour les propositions dont il peut être l'objet. — (Voir titre IV, chapitre 3 : Inspection générale.)

§ 2. — Organisation des écoles d'instruction.

Art. 78. — Les écoles d'instruction sont rattachées aux corps ou services correspondants de l'armée active.

Art. 79. — Dans chaque subdivision de région, l'école d'instruction comprend les officiers de réserve et de l'armée territoriale domiciliés ou en résidence dans cette subdivision et appartenant à l'arme de l'infanterie, aux douaniers et aux chasseurs forestiers.

---

(1) Jusqu'au moment où des dispositions nouvelles pourront être mises en vigueur, on continuera à faire usage des bons de réduction prévus par l'instruction du 8 avril 1889.

Le général commandant la subdivision en a la haute direction et l'inspection permanente.

Art. 80. — Dans chaque région de corps d'armée, les officiers de réserve ou de l'armée territoriale domiciliés ou en résidence dans cette région et appartenant à une arme autre que l'infanterie sont affectés à une ou plusieurs écoles d'instruction, suivant les circonstances et le nombre d'officiers à instruire.

Le général commandant la brigade de cavalerie, le général commandant l'artillerie et le général commandant le génie du corps d'armée en ont respectivement la haute direction et l'inspection permanente.

Art. 81. — Il en est de même pour les officiers ou assimilés de réserve et de l'armée territoriale appartenant aux services administratifs.

L'intendant de la région a la haute direction et l'inspection permanente des écoles d'instruction auxquelles sont affectés ces officiers ou assimilés.

Art. 82. — L'instruction des médecins de réserve et de l'armée territoriale est soumise à des dispositions spéciales et est assurée par les soins du directeur du service de santé du corps d'armée.

Ils sont inscrits, pour ordre, à l'hôpital militaire régional, au chef-lieu du corps d'armée.

Art. 83. — Les vétérinaires de réserve et de l'armée territoriale sont inscrits aux écoles d'instruction de cavalerie, dans les mêmes conditions que les officiers de cette arme.

Art. 84. — Les officiers ou assimilés de réserve ou de l'armée territoriale appartenant à des armes ou services autres que ceux qui sont énumérés ci-dessus sont inscrits aux écoles subdivisionnaires d'infanterie.

Art. 85. — Il peut être créé, pour chaque arme ou service, autant d'annexes des écoles d'instruction que le comportent les ressources des différentes garnisons et le nombre des officiers de réserve et de l'armée territoriale qui peuvent y être affectés.

Art. 86. — Les gouverneurs militaires et les commandants de corps d'armée règlent toutes les questions concernant l'organisation et le fonctionnement des écoles d'instruction et des annexes à créer sur le territoire.

Ils adressent au ministre un rapport d'ensemble à ce sujet, le 15 avril et le 15 septembre de chaque année.

A cet effet, ils reçoivent, au 1er avril et au 1er septembre, des généraux de brigade ou directeurs de service ayant l'inspection permanente des écoles d'instruction, un rapport spécial exposant les résultats acquis pendant la période écoulée et contenant leurs observations ou propositions concernant le fonctionnement de ces écoles.

Art. 87. — Les gouverneurs militaires de Paris et de Lyon déterminent le nombre d'écoles d'instruction ou d'annexes à créer sur leur territoire, d'après l'effectif des officiers de réserve ou de l'armée territoriale domiciliés ou en résidence dans la région placée sous leur commandement, et les ressources dont ils disposent pour leur instruction.

Ils désignent les officiers généraux ou directeurs de services chargés de la haute direction et de l'inspection permanente de ces écoles.

§ 3. — Infanterie.

Art. 88. — Le général commandant la subdivision, inspecteur permanent de l'école d'instruction subdivisionnaire, approuve les programmes établis par le directeur de l'école, en suit l'exécution, assiste aux séances les plus importantes, et se rend compte par lui-même des progrès réalisés.

Art. 89. — Le fonctionnement de l'école d'instruction est assuré par le régiment subdivisionnaire d'infanterie, sous l'autorité du colonel.

Le cadre de l'école comprend :

Le lieutenant-colonel commandant le régiment de réserve, directeur de l'école ;

Un chef de bataillon de l'armée active. adjoint au directeur de l'école;

Un nombre variable de capitaines et de lieutenants instructeurs de l'armée active.

Le choix des officiers est soumis à l'approbation du général commandant la subdivision.

Art. 90. — Le lieutenant-colonel directeur de l'école établit le programme de l'instruction théorique et pratique, répartit le service entre les officiers instructeurs et assure la marche régulière de l'instruction.

Le chef de bataillon adjoint remplace le directeur de l'école absent, assure l'exécution de ses ordres et concourt à l'enseignement théorique et pratique.

Les officiers instructeurs sont plus particulièrement chargés de donner l'instruction pratique.

En dehors du cadre permanent. des officiers peuvent être mis temporairement à la disposition du directeur de l'école, soit pour traiter une question spéciale, soit pour participer à des exercices pratiques.

Art. 91. — Chaque séance d'instruction théorique donne lieu à la rédaction d'un résumé destiné à être mis à la disposition des officiers. et notamment de ceux qui n'ont pu assister à la séance. Un officier de réserve ou de l'armée territoriale en est chargé.

De temps à autre, un de ces officiers peut aussi être appelé à traiter en conférence un sujet déterminé donnant lieu à l'application des principes exposés par les officiers instructeurs dans les séances précédentes.

Art. 92. — L'instruction pratique comprend l'école de section et l'école de compagnie et des applications du service en campagne. Quelques séances peuvent être consacrées à l'école de bataillon ou à des manœuvres de bataillon avec cadres.

Art. 93. — L'enseignement du tir et des principes de l'emploi des feux doivent être l'objet de l'attention constante des instructeurs.

Une école de tir au fusil de guerre et au revolver peut être annexée à chaque école d'instruction, si elle ne doit pas entraver le bon fonctionnement des sociétés de tir existantes. Le général commandant la subdivision décide à cet égard.

Dans le cas où une école de tir est adjointe à l'école d'instruction, les dépenses occasionnées par l'entretien du matériel de tir et les réparations aux armes sont supportées par la masse des écoles du régiment subdivisionnaire. Les munitions sont prélevées sur les économies de ce corps et font, au besoin, l'objet de demandes d'allocations spéciales qui sont soumises au ministre.

Art. 94. — Les écoles annexes sont soumises aux règles qui précèdent. Le cadre permanent en est déterminé, suivant les besoins, par le général commandant la subdivision.

§ 4. — Cavalerie.

Le nombre des écoles d'instruction et de leurs annexes est déterminé, dans chaque région, par le commandant de corps d'armée, d'après les propositions du général commandant la brigade de cavalerie, qui à leur égard, a les attributions prévues par l'article 88 pour les généraux commandant les subdivisions.

Art. 96. — Le fonctionnement de ces écoles ou annexes est assuré par le régiment de cavalerie auquel elles sont rattachées.

Art. 97. — Le cadre de chaque école comprend :
Un lieutenant-colonel, directeur;
Un capitaine et des lieutenants instructeurs.
Le choix de ces officiers est soumis à l'approbation du général commandant la brigade de cavalerie.

Art. 98. — Dans les régions où se trouvent des régiments de cavalerie indépendante. les écoles d'instruction qui y sont rattachées sont placées sous l'autorité du général commandant la brigade; cet officier général en a la haute direction et l'inspection permanente.

Art. 99. — Les dispositions des articles 90 et 91 sont applicables aux écoles d'instruction de cavalerie.

Art. 100. — Il peut être organisé, dans la période d'hiver, concurremment avec l'instruction théorique, des séances d'équitation au manège, toutes les fois que cela est possible.

Pendant la période d'été, l'instruction pratique des officiers est assurée surtout en leur donnant les moyens de participer fréquemment aux exercices extérieurs du régiment. Ces officiers en sont informés par notification individuelle, et, s'ils le demandent, des chevaux sont mis à leur disposition.

Le général de brigade détermine, pour chaque école, le nombre de chevaux qui peuvent, aux diverses époques de l'année, être mis à la disposition des officiers de réserve ou de l'armée territoriale pour les reprises de manège ou les exercices extérieurs.

§ 5. — Artillerie.

Art. 101. — Le nombre des écoles d'instruction d'artillerie et de leurs annexes est déterminé, dans chaque région. par le général commandant le corps d'armée, sur la proposition du général commandant la brigade d'artillerie, qui, à leur égard, a les attributions prévues à l'article 88 pour le général commandant la subdivision.

Art. 102. — Le fonctionnement de ces écoles ou annexes est assuré par les régiments ou bataillons d'artillerie auxquels elles sont rattachées.

Les officiers de réserve ou de l'armée territoriale sont répartis entre elles d'après leurs fonctions en cas de mobilisation.

Art. 103. — Le cadre de chaque école comprend :
Un lieutenant-colonel d'artillerie, directeur de l'école d'instruction;
Un chef d'escadron d'artillerie, directeur-adjoint;
Un nombre variable de capitaines et de lieutenants instructeurs.
Le lieutenant-colonel et les officiers qui lui sont adjoints sont désignés par le général commandant la brigade d'artillerie.

Art. 104. — Les dispositions des articles 90, 91 et 100 sont applicables aux écoles d'instruction d'artillerie.

Art. 105. — Le fonctionnement des écoles annexes est assuré par les corps de troupes ou fractions désignés à cet effet. Le cadre en est déterminé par le général de brigade, d'après les ressources locales et l'importance de chacune d'elles.

Les dispositions qui précèdent sont applicables au train des équipages militaires.

§ 6. — Génie.

Art. 106. — Le nombre des écoles d'instruction du génie et de leurs annexes est déterminé, dans chaque région, par le commandant du corps d'armée.

Le général commandant le génie, dans les régions où il existe un officier général de cette arme, a les attributions prévues à l'article 88 pour les généraux commandant les subdidisions, en ce qui concerne les écoles d'instruction.

Art. 107. — Le fonctionnement des écoles d'instruction du génie est soumis aux mêmes règles que celui des écoles d'instruction d'infanterie.

Art. 108. — Dans les régions ou subdivisions de région où il n'existe pas de troupes du génie, les officiers de cette arme sont inscrits aux écoles subdivisionnaires d'infanterie.

Des conférences ou exercices sont organisés spécialement au point de vue de leur instruction technique, toutes les fois que la présence d'officiers de l'armée active appartenant à l'état-major particulier ou aux troupes du génie rend cette solution possible.

Ces officiers sont désignés, sur la demande du directeur de l'école d'infanterie, par le chef du service du génie local.

§ 7. — Services administratifs.

Art. 109. — Le nombre des écoles d'instruction du service de l'intendance et de leurs annexes est déterminé, dans chaque région, par le commandant du corps d'armée, sur la proposition du directeur de l'intendance de la région, qui, à leur égard, a les attributions prévues à l'article 88 pour le général commandant la subdivision.

Art. 110. — Il peut être créé, dans chaque résidence de sous-intendant, une école d'instruction pour les personnels du cadre auxiliaire de l'intendance domiciliés ou en résidence à proximité.

Art. 111. — Il importe de préparer chacun d'eux au rôle spécial qui lui sera attribué en cas de mobilisation. Ce but peut être atteint par des conférences, des exercices techniques et des études théoriques ou pratiques faites sur place.

Art. 112. — Les sous-intendants militaires ainsi désignés par le directeur du service de l'intendance se conforment autant que possible, aux règles générales tracées pour le fonctionnement des écoles d'instruction et prennent, pour assurer l'instruction du personnel de réserve et de l'armée territoriale qui leur est confié, les mesures qu'ils jugent les plus favorables.

Ils peuvent demander aux commandants d'armes de mettre à leur disposition le personnel nécessaire aux exercices pratiques.

CHAPITRE VI

Manœuvres, exercices, travaux spéciaux,
conférences de garnison.

----

§ 1er. — Manœuvres, exercices.

Art. 113. — Les officiers ou assimilés de réserve et de l'armée territoriale peuvent être autorisés à prendre part ou à assister aux manœuvres, exercices ou travaux exécutés par les corps de troupes ou services stationnés dans le lieu où ils résident ou dans des localités voisines.

Ils adressent, dans ce cas, leurs demandes directement au chef de corps, de détachement ou de service qui a la direction de ces manœuvres, exercices et travaux, en indiquant le temps pendant lequel ils désirent pouvoir y participer.

Le chef de corps, de détachement ou de service statue à l'égard de ces demandes, en tenant compte toutefois de leur opportunité et des exigences du service.

Il rend compte au général commandant le corps d'armée des autorisations accordées ou refusées. Dans ce dernier cas, il lui fait connaître le motif de sa décision.

§ 2. — Manœuvres et conférences de garnison.

Art. 114. — Dans chaque garnison, les commandants d'armes déterminent les conférences de garnison auxquelles les officiers de réserve et de l'armée territoriale peuvent assister.

Ces officiers doivent, le plus souvent possible, prendre part aux maneuvres de garnison qui s'exécutent dans le voisinage de leur résidence.

Ils peuvent même, dans ce cas, s'ils appartiennent aux corps qui manœuvrent, recevoir les allocations (solde et indemnités) attribuées aux officiers de l'armée active. Les crédits nécessaires sont prélevés sur les fonds mis à la disposition des corps ou services pour les stages volontaires avec solde.

§ 3. — Dispositions communes aux manœuvres, travaux, conférences, auxquels les officiers peuvent être appelés à prendre part.

Art. 115. — Les officiers ou assimilés de réserve ou de l'armée territoriale sont avisés, en temps utile, des manœuvres exercices, travaux ou conférences de garnison auxquels ils auraient intérêt à assister. Ces avis, accompagnés de l'indication du jour. du lieu et de l'heure, du rendez-vous, sont portés à leur connaissance par notification individuelle, s'il y a lieu. mais le plus souvent par les moyens de publicité dont disposent les commandants d'armes, avec le concours de la presse locale.

Art. 116. — Les officiers ou assimilés autorisés à prendre part à des exercices ou manœuvres y exercent, si c'est possible, un commandement de leur grade,

Ils se présentent en uniforme. au moment du rendez-vous, au directeur de la manœuvre ou de l'exercice. qui leur assigne un commandement ou, tout au moins. les met à la disposition d'un des commandants d'unités placés sous ses ordres. Ils suivent cette unité pendant la manœuvre et assistent à la critique.

Art. 117. — Sauf l'exception prévue à l'article 114 pour les manœuvres de garnison. les officiers ou assimilés sont considérés comme assistant à une des séances de l'école d'instruction, et n'ont droit à aucune solde ou indemnité. Ceux qui ont à se déplacer reçoivent, sur leur demande, un ordre de convocation. accompagné des titres nécessaires pour leur assurer le transport au tarif militaire sur les chemins de fer.

Art. 118. — Les officiers ou assimilés autorisés à prendre part à des manœuvres de garnison, exercices ou travaux d'une durée de plus d'un jour, sont notés par le chef de corps, de service ou de détachement sous les ordres duquel ils sont momentanément placés. Ces notes, consignées sur une feuille spéciale du modèle B annexé au présent règlement. sont adressées au chef de corps ou de service auquel appartient l'officier ou assimilé, pour être jointes à son feuillet du personnel.

TITRE IV.

Administration et inspection des officiers.

CHAPITRE 1ᶜʳ

Devoirs des officiers dans leurs foyers.

§ 1ᶜʳ. — Domicile et résidence.

Art. 119. — Les officiers ou assimilés de réserve et de l'armée territoriale. dans leurs foyers, sont placés sous l'autorité de l'officier général exerçant le commandement territorial sur la subdivision de région, dans laquelle ils ont leur domicile.

Art. 120. — Il est tenu, à l'état-major de chaque subdivision de région, un contrôle nominatif des officiers et assimilés de réserve ou de l'armée territoriale domiciliés ou en résidence dans cette subdivision.

Art. 121. — Les officiers ou assimilés de réserve ou de l'armée territoriale qui changent de domicile ou de résidence se conforment aux prescriptions de l'article 55 de la loi du 15 juillet 1889 sur le recrutement de l'armée.

Ils en informent, en outre, le chef de corps ou de service dont ils relèvent. Ce dernier transmet cette mutation au chef de corps ou de service actif correspondant, qui l'a fait connaître aux généraux commandant les subdivisions du point de départ et du point d'arrivée.

Art. 122. — Tout officier ou assimilé qui arrive dans une subdivision pour y résider pendant plus d'un mois en informe par lettre le général commandant la subdivision. Il lui fait connaître de même le jour de son départ.

§ 2. — Visite au général commandant la subdivision.

Art. 123. — Tout officier de réserve ou de l'armée territoriale est tenu de se présenter, en uniforme, dans le délai de deux mois, au général commandant la subdivision :

1º Après sa nomination au grade d'officier ;

2º Lorsqu'il arrive dans la subdivision, après un changement de domicile, si les deux subdivisions du point de départ et du lieu d'arrivée ne sont pas placées sous le commandement du même général de brigade.

Art. 124. — Cette visite a lieu de préférence dans l'une des garnisons voisine de la résidence de l'officier, aux jours où le général commandant la subdivision est appelé à s'y rendre pour le service.

Le général commandant la subdivision fait connaître à l'officier les jours, lieux et heures auxquels il pourrait le recevoir. Celui-ci indique au général le lieu et le jour auxquels il demande de préférence à être reçu. Il lui est alors adressé un ordre de convocation qui lui donne droit au tarif militaire sur les chemins de fer.

Art. 125. — Dans le cas où, pour des motifs graves : maladie, cas de force majeure, etc., l'officier ne peut se rendre à cette convocation, il en rend compte directement par lettre au général commandant la subdivision. Il est tenu, dès que les causes de l'empêchement ont cessé d'exister, de se présenter, en uniforme, au commandant d'armes de la garnison où il avait été convoqué. Le commandant d'armes informe le général commandant la subdivision de l'exécution de cette prescription.

Le général commandant la subdivision peut aussi, suivant les circonstances, prolonger le délai de deux mois accordé à l'officier, lui faire connaître qu'il le recevra après l'une des séances de l'école d'instruction à laquelle l'officier a demandé à se rendre, ou même l'autoriser à différer cette visite jusqu'au moment du conseil de revision. Dans ce cas, l'officier est convoqué au chef-lieu de canton de son domicile.

Art. 126. — Tout officier qui, sans motifs légitimes, aura contrevenu aux dispositions qui précèdent sera passible d'une punition disciplinaire. En outre, il pourra être convoqué d'office aux jour et lieu déterminés par le général commandant la subdivision, sans pouvoir prétendre à aucune indemnité.

Art. 127. — Les dispositions du précédent paragraphe sont applicables aux assimilés de réserve ou de l'armée territoriale.

CHAPITRE II

Administration. — Correspondance de service.

---

§ 1ᵉʳ. — Administration.

Art. 128. — Les officiers de réserve et de l'armée territoriale sont administrés par le corps de l'armée active auquel est rattaché le corps de réserve ou le corps de l'armée territoriale dont ils font partie.

Il en est de même pour les officiers ou assimilés affectés à différents corps ou services.

Art. 129. — Les officiers ou assimilés adressent leurs demandes au chef de corps ou de service dont ils relèvent. Celui-ci les fait parvenir avec son avis au chef de corps ou de service correspondant de l'armée active qui, suivant le cas, statue sur ces demandes ou les transmet par la voie hiérarchique avec ses propositions.

Les intéressés sont informés dans les mêmes formes de la suite donnée à leurs demandes.

Art. 130. — Toutes les demandes concernant les écoles d'instruction sont adressées au directeur de l'école qui, à l'égard des officiers autorisés à en suivre les cours, a les attributions d'un chef de corps.

§ 2. — Correspondance de service.

Art. 131. — Les officiers ou assimilés de réserve et de l'armée territoriale se conforment pour leur correspondance de service, aux règles et aux modèles prescrits par le décret sur le service intérieur des corps de troupes.

CHAPITRE III

Inspections.

§ 1er. — Dispositions générales.

Art. 132. — Les officiers ou assimilés de réserve ou de l'armée territoriale sont inspectés :
1º Tous les deux ans, en principe, au moment des périodes de convocation ;
2º Dans les années intermédiaires, au titre des écoles d'instruction auxquelles ils appartiennent.

§ 2. — Inspection pendant la période de convocation.

Art. 133. — Pendant les périodes de convocation, les stages volontaires ou les stages obligatoires, les officiers ou assimilés de réserve ou de l'armée territoriale sont inspectés par l'inspecteur général du corps ou du service dans lequel ils sont appelés.

Le géuéral de brigade ou le directeur du service peut être délégué spécialement pour cette inspection.

Art. 134. — Il est établi. pour chacun de ces officiers ou assimilés accomplissant un stage ou une période d'exercices, une feuille de notes du modèle prescrit par les instructions sur les inspections générales pour les officiers de l'armée active.

Art. 135. — Les feuilles de notes de ceux qui font un stage ou une période d'exercices dans un corps ou service autre que le leur sont adressées à l'inspecteur général de leur corps ou service, ainsi que les propositions dont ils ont pu être l'objet. Cet inspecteur général centralise ainsi dans le même travail l'inspection de tous les officiers ou assimilés appartenant au même corps ou service, à l'exception des officiers détachés.

Les officiers détachés dans un service spécial sont inspectés au titre de ce service, et non au titre du corps auxquels ils appartiennent.

Art. 136. — Les présentations pour l'avancement. la Légion d'honneur ou autres récompenses sont établies par le chef de corps de l'armée active, de la réserve ou de l'armée territoriale, suivant le cas.

Elles sont vérifiées, classées par ordre de préférence et soumises à l'approbation de l'inspecteur général, par le chef de corps correspondant de l'armée active.

Les propositions acceptées par l'inspecteur général sont soumises aux commissions de classement : régionales pour l'infanterie, générales pour les autres armes ou services.

Art. 137. — Les candidats aux grades de capitaine et de chef de bataillon ou d'escadron subissent des épreuves orales et écrites portant sur les connaissances correspondant aux grades pour lesquels ils concourent et spécifiées au programme annexé au présent règlement.

L'inspecteur général choisit les sujets des diverses épreuves.

La commission d'examen se compose :

1° De l'inspecteur général ou son délégué, président ;

2° Du chef de corps ou de service de l'armée active ;

3° Du chef de corps ou de service de réserve ou de l'armée territoriale.

En cas d'absence, les chefs de corps ou de service peuvent être remplacés par des officiers supérieurs de l'armée active ou de l'armée territoriale.

Un certificat faisant connaître, par la mention *très bien, bien* ou *assez bien*, les résultats de l'épreuve, est délivré au candidat. Une copie conforme de ce certificat est jointe à sa feuille de notes.

Les candidats détenteurs d'un certificat portant l'une des mentions *très bien* ou *bien* sont dispensés de subir à nouveau les épreuves, à moins qu'ils n'en fassent eux-mêmes la demande.

§ 3. — Inspections au titre des écoles d'instruction.

Art. 138. — Dans l'intervalle des périodes de convocation, les officiers ou assimilés de réserve ou de l'armée territoriale sont inspectés au titre des écoles d'instruction par le général de brigade ou directeur du service, qui a la haute direction et la surveillance de l'école.

L'inspection a eu lieu du 15 juin au 15 juillet. Les officiers ou assimilés sont prévenus des séances d'instruction auxquelles assistera le général inspecteur; ils sont invités à s'y rendre.

Le général inspecteur examine les résultats obtenus et les progrès réalisés par les officiers au cours de l'année d'instruction.

Il constate le degré d'instruction des officiers ou assimilés sur la feuille de notes spéciales, modèle B, prévue à l'article 77 du présent règlement. Il note, d'une manière complète les officiers qu'il a pu voir ; pour les autres il se contente d'une appréciation sommaire suivie de la mention : « N'était pas présent au moment de l'inspection. »

Il peut faire présenter pour l'avancement ou les récompenses ceux qui lui semble dignent de cette faveur.

Art. 139. — Ces présentations sont soumises aux règles édictées aux articles 136 et 137.

Elles sont établies par le directeur de l'école, vérifiées, classées par ordre de préférence et soumises à l'approbation du général inspecteur de l'école par le chef de corps correspondant de l'armée active.

Elles sont transmises à l'inspecteur général du corps auquel appartient l'officier ou assimilé, pour être comprises dans le travail d'inspection de ce corps ou service.

Art. 140. — Les feuilles de notes et propositions établies au titre des écoles d'instruction doivent être parvenues à leur destination le 1er août au plus tard.

Art. 141. — Les dispositions antérieures contraires à celles des titres I, II, III et IV du présent règlement sont et demeurent abrogées.

Le ministre de la guerre,

A. MERCIER.

MINISTÈRE
DE LA GUERRE.

* DIRECTION.　　　　(1)

° BUREAU.

MODÈLE A.

(1) Désigner le corps.
(2) Nom, prénoms, grade et emploi.
(3) « Réserve » ou « l'armée territoriale. »

FEUILLE INDIVIDUELLE concernant le sieur (2)
　　　signalé comme susceptible d'être nommé au grade
de sous-lieutenant de (3)　　　　　　　　　*résidant*
à

SIGNALEMENT.	SERVICE SUCCESSIFS. CAMPAGNES, BLESSURES ET DÉCORATIONS		
	Grades et emplois.	Corps.	Dates.
Numéro du registre matricule...	Entré au service comme		
Nom			
Prénoms			
Surnom			
Dernier domicile			
département d			
Profession d			
Fils d			
et d			
domiciliés à			
département d			
Né le			
à		Libérable du service actif le	-
canton			
département d			
Taille de 1 mètre millimètres			
Visage................			
Front................			
Yeux................			
Nez................			
Bouche..............	Campagnes...		
Menton..............			
Cheveux.............			
Sourcils.............	Blessures, actions d'éclat, citations. etc.		
Marques particulières.			
Marié le			
à Dlle			
domiciliée à			
département d	Décorations et médailles.		
Nombre d'enfants			

RELEVÉ des punitions du sieur

DATES des PUNITIONS.	GRADE	GENRE DE PUNITIONS ET NOMBRE DE JOURS.				PAR QUI les PUNITIONS ont été infligées.	MOTIFS des PUNITIONS.
		Consigne.	Salle de police.	Prison.	Cellule.		
TOTAUX.........							
TOTAL GÉNÉRAL.....							

Notes particulières sur le sieur

Constitution, santé.........

Tenue extérieure.........

Conduite et moralité.......

Caractère... ....

Intelligence et aptitude.....

Manière de servir.........

Instruction
  Langues étrangères....

  Comptabilité..........

  militaire théorique ....

  militaire pratique .....

  Equitation............

A   , le   189 .

Le Chef de corps,

<table>
<tr><td>Notes
du chef de corps
ou
de service à l'appui
de la
proposition.</td><td></td></tr>
<tr><td>Avis
du
général de brigade.</td><td></td></tr>
<tr><td>Avis
de
l'inspecteur
général.</td><td></td></tr>
</table>

A   , le   189 .

Le Général de brigade,   *L'Inspecteur général,*

ANNEXE N° 1

AU RÈGLEMENT MINISTÉRIEL DU 23 MARS 1894.

Programme des connaissances exigées des candidats aux différents grades dans la réserve et l'armée territoriale.

I. — EXAMEN THÉORIQUE.

a) Règlements.

Devoirs et fonctions des officiers (1) dans les manœuvres. le service intérieur, le service des places. le service en campagne, le transport des troupes par voies ferrées, le remplacement des munitions sur le champ de bataille.

b) Instruction technique de l'arme.

Approvisionnements en munitions, emploi des feux et réglage du tir.

Travaux de campagne.

Notions sommaires de fortification permanente, pour les troupes de forteresse seulement.

Hygiène des hommes et des chevaux.

Soins à donner à l'habillement, l'équipement, la chaussure, le harnachement et l'armement.

c) Administration.

Administration d'une compagnie, d'un escadron ou d'une batterie en temps de paix et en campagne.

d) Législation.

Dispositions principales de la loi du recrutement, de la loi des cadres et de la loi sur les réquisitions militaires.

Positions et avancement des officiers de réserve et de l'armée territoriale.

Devoirs des hommes de la réserve et de l'armée territoriale dans leurs foyers et au moment de la mobilisation.

---

(1) Du grade pour l'obtention duquel concourt le candidat.

II. — EXAMEN PRATQUE.

Application. sur le terrain. des connaissances théoriques en ce qui concerne les manœuvres. le tir et le service en campagne.

Lecture et emploi de la carte sur le terrain.

Croquis sommaire à fournir à l'appui d'une reconnaissance.

Equitation. — Les candidats au grade de sous-lieutenant et de lieutenant dans l'infanterie ou le génie sont dispensés de cette partie de l'examen.

ANNÉE 189 .

—

° CORPS D'ARMÉE

—

(1)

MODÈLE B.

(1)

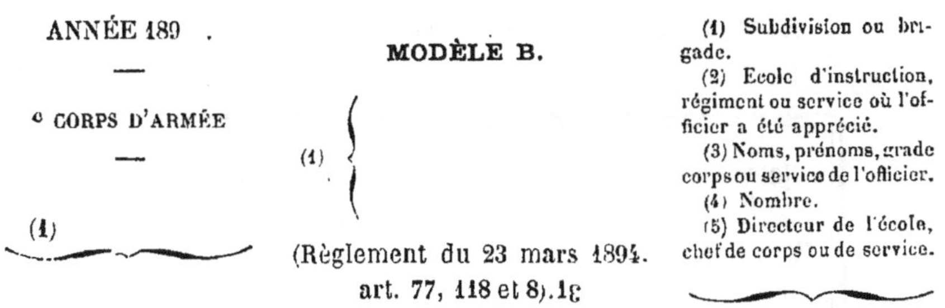

(Règlement du 23 mars 1894.
art. 77, 118 et 8).1

(1) Subdivision ou brigade.
(2) Ecole d'instruction, régiment ou service où l'officier a été apprécié.
(3) Noms, prénoms, grade corps ou service de l'officier.
(4) Nombre.
(5) Directeur de l'école, chef de corps ou de service.

FEUILLE de notes spéciales concernant M. (3)

Profession et résidence.

Constitution	*Instruction de l'officier en :*
Santé	Manœuvres
Vue	Service en campagne
Caractère	Instruction technique
Intelligence	Administration ˙
Jugement	Lecture de la carte

Séances auxquelles l'officier a assisté :	Conférences (4) sur (4)
	Exercices pratiques (4) sur (4)
Attitude. énergie. équitation. aptitude au commandement	
Nommé au dernier grade, le.......	
Propositions dont il peut être l'objet	

A   , le   189 .

Le (5)

Notes spéciales concernant M.

Notes du chef de corps ou de service actif (1).

Le (2)

Appréciations du général de brigade ou directeur du service de santé sur la moralité, la conduite, la tenue, l'instruction, la manière de servir de l'officier, et, s'il y a lieu, sur les propositions dont il est l'objet.

A   , le   189 .

Le (3)

---

(1) Pour les officiers ayant suivi les cours d'une école d'instruction ou assisté à des manœuvres en dehors des périodes d'instruction.
(2) Le chef de corps ou de service.
(3) Le général de brigade ou directeur du service.

RAPPORT

AU PRÉSIDENT DE LA RÉPUBLIQUE FRANÇAISE

Paris, le 23 mars 1894.

Monsieur le Président,

Les instructions diverses concernant les officiers de réserve et les officiers de l'armée territoriale m'ont paru devoir être réunies dans un document unique destiné à les fixer, à les mettre en harmonie avec la loi du 25 juillet 1893 et à tenir compte de certaines modifications que l'expérience a démontré nécessaires.

Le règlement ministériel du 23 mars 1894 répond à ces besoins : il précise les conditions dans lesquelles s'effectueront dans l'avenir le recrutement, la répartition dans les corps et services de l'armée, l'instruction, l'administration et l'inspection des officiers de réserve et de l'armée territoriale.

L'instruction de ces officiers s'y trouve l'objet de prescriptions détaillées, déterminées par les considérations suivantes :

L'article 13 de la loi du 25 juillet 1893 a fait du régiment actif la véritable école d'instruction du régiment de réserve et du régiment territorial correspondants. Cette situation légale permet aujourd'hui d'assurer l'instruction des officiers de réserve et de l'armée territoriale, non seulement pendant les périodes de convocation, mais encore pendant toute l'année, en leur donnant les moyens de participer à la vie militaire du régiment actif et d'augmenter leurs connaissances professionnelles. Elle établira des liens plus étroits entre les officiers des trois régiments qui, en campagne, sont appelés à partager les mêmes fatigues et les mêmes dangers.

Je ne doute pas que les officiers de réserve et les officiers de l'armée territoriale ne voient dans ces dispositions une nouvelle preuve de la sollicitude du Gouvernement à leur égard et ne tiennent à honneur de se montrer, en toutes circonstances, à hauteur de leurs obligations.

Aussi convient-il de déterminer — et c'est le but du présent décret — la part légitime d'avancement qui peut leur être attribuée, d'entourer l'obtention de chaque grade des garanties nécessaires, propres à en augmenter la valeur, et d'assurer aux officiers qui s'en montreront dignes, une distinction et une récompense justifiées par leur zèle, leur dévouement et l'étendue de leurs aptitudes militaires.

Si vous approuvez ces propositions, j'ai l'honneur de vous prier de vouloir bien revêtir de votre signature le décret ci-joint.

Veuillez agréer, Monsieur le Président, l'hommage de mon respectueux dévouement.

Le Ministre de la guerre,

A. MERCIER.

Le Président de la République française,

Sur le rapport du Ministre de la guerre,

Décrète :

I. — *Officiers de réserve.*

Art. 1er. — Les sous-lieutenants et lieutenants de réserve de l'infante·
rie et de la cavalerie. de l'artillerie, du génie et du train des équipages
militaires peuvent obtenir de l'avancement jusqu'au grade de capitaine
inclusivement.

Art. 2. — L'avancement est donné exclusivement au tour du choix ;
il a lieu sur toute l'arme.

Art. 3. — Les sous-lieutenants de réserve ne peuvent être promus au
grade de lieutenant qu'après avoir accompli quatre années dans le grade
de sous-lieutenant. et. pendant ces quatre années. deux périodes d'exercices de vingt-huit jours.
Par exception, les sous-lieutenants de réserve ayant servi dans ce
grade, pendant une année, dans l'armée active. pourront être promus
au grade de lieutenant. après avoir accompli la première des périodes
d'exercices auxquelles ils sont réglementairement astreints. En aucun
cas, ils ne pourront être nommés avant d'avoir accompli leur
troisième année de grade de sous-lieutenant.

Art. 4. — Dans chaque corps de troupe. le nombre des lieutenants de
réserve est égal au tiers du nombre total des officiers de réserve (lieutenants et sous-lieutenants) inscrits sur les contrôles du corps. y compris
les officiers à la suite. détachés dans un service quelconque.

Art. 5. — Les lieutenants de réserve peuvent être promus au grade de
capitaine de réserve lorsqu'ils ont accompli six années. dans le grade
de lieutenant et, pendant ces six années, trois périodes de vingt-huit
jours.
La condition d'accomplissement des périodes d'exercices n'est pas
exigée des lieutenants de l'armée active démissionnaires ou retraités
proposés pour le grade de capitaine de réserve.
Le nombre de capitaines de réserve de chaque corps de troupe et de
l'état major particulier de l'artillerie et du génie est fixé par le ministre
de la guerre.

Art. 6. — Les dispositions des articles précédents ne sont pas applicables aux officiers de réserve anciens élèves de l'école polytechnique,
employés dans les services civils qui se recrutent à cette école. ni aux
élèves de l'école forestière entrés dans le service forestier. dont l'avancement est respectivement réglé par le décret du 3 septembre 1888 et le
décret du 8 août 1884.

Art. 7. — Les officiers de réserve sont inscrits aux tableaux d'avancement et peuvent en être rayés dans les mêmes formes que les officiers
de l'armée active.

Art. 8. — L'ancienneté de grade des officiers de réserve est déterminée par la date du décret de nomination à ce grade, soit dans l'armée
active, soit dans la réserve.

Art. 9. — Le temps passé dans leurs foyers par les officiers de réserve
compte pour l'ancienneté de grade.
Le temps passé dans la position hors cadres et le temps de la suspension sont déduits de l'ancienneté.

Art. 10. — En temps de guerre ou lorsqu'ils sont employés hors d'Europe, l'Algérie et la Tunisie exceptés. les officiers de réserve peuvent obtenir de l'avancement dans les conditions d'ancienneté fixées pour les officiers de l'armée active.

Les grades ainsi obtenus ne créent aux titulaires aucun droit pour être maintenus dans l'armée comme officiers de l'armée active.

II. — *Officiers de l'armée territoriale.*

Art. 11. — Les officiers de réserve conservent, en passant dans l'armée territoriale, leur grade et leur ancienneté; il en est de même des officiers qui passent directement de l'armée active dans l'armée territoriale.

Art. 12. — A défaut d'emplois vacants de leur grade dans le corps auquel ils sont affectés ou à l'état-major particulier de leur arme, les officiers désignés à l'article précédent sont placés à la suite.

Au fur et à mesure que les vacances se produisent, celles-ci sont remplies par les officiers à la suite. A défaut d'officiers à la suite, les vacances sont remplies par promotions.

Art. 13. — Il ne peut être nommé à un grade sans emploi dans l'armée territoriale (sauf dans les conditions prévues par les articles 10 et 11 du du décret du 31 août 1878), ni être accordé de grades honoraires.

Art. 14. — L'avancement a lieu exclusivement au choix pour tous les grades .et dans toutes les armes; il a lieu sur toute l'arme.

Art. 15. — Dans chaque corps de troupes. le nombre des lieutenants de l'armée territoriale est égal à la moitié du nombre total des lieutenants et sous-lieutenants inscrits sur les contrôles du corps. y compris les officiers à la suite détachés dans un service quelconque.

Il en est de même dans les états-majors particuliers qui comprennent des officiers du grade de lieutenant et de sous-lieutenant.

Art. 16. — Les lieutenants de réserve qui ont été maintenus dans la réserve. sur leur demande. au moment où ils étaient appelés à passer dans l'armée territoriale, peuvent être proposés pour le grade de capitaine dans l'armée territoriale.

Il est dressé. pour chaque arme, un seul tableau d'avancement comprenant à la fois les lieutenants de réserve et les lieutenants de l'armée territoriale admis par les commissions de classement pour le grade de capitaine dans l'armée territoriale.

Art. 17. — Les lieutenants de réserve et les lieutenants de l'armée territoriale ne peuvent être nommés capitaines dans l'armée territoriale qu'après avoir accompli six années dans le grade de lieutenant et répondu. pendant ces six années. à trois périodes d'instruction, soit comme officiers de réserve soit comme officiers de l'armée territoriale.

Les lieutenants de l'armée active démissionnaires ou retraités n'ont pas à satisfaire aux conditions concernant les périodes d'instruction.

Art. 18. — Les emplois de capitaine qui resteraient vacants dans certains corps de troupes, faute de lieutenants réunissant les conditions voulues pour être nommés capitaines. seront remplis par les lieutenants. Le total des emplois de lieutenant dans chacun de ces corps de troupes sera transitoirement augmenté du nombre de lieutenants nécessaires pour assurer le commandement de toutes les unités.

Art. 19.— Les capitaines de l'armée territoriale peuvent être nommés au grade de chef de bataillon ou d'escadron lorsqu'ils ont accompli dans le grade de capitaine six années de service et, pendant ces six années, trois périodes d'instruction.

Les capitaines de l'armée active démissionnaires ou retraités, ainsi que ceux qui sont proposés pour le grade de chef de bataillon ou d'escadron au moment où ils prennent leur retraite, n'ont pas à satisfaire aux conditions concernant les périodes d'instruction.

Art. 20. — Les dispositions des articles précédents ne sont pas applicables aux officiers désignés à l'article 6 du présent décret, dont l'avancement continuera à être réglé par les décrets du 3 septembre 1888 et du 8 août 1884.

Art. 21. — Les officiers de l'armée territoriale sont inscrits aux tableaux d'avancement et peuvent en être rayés dans les mêmes formes que les officiers de l'armée active.

Art. 22. — L'ancienneté de grade des officiers de l'armée territoriale est déterminée par la date du décret de nomination à ce grade soit dans l'armée active, soit dans la réserve, soit dans l'armée territoriale.

Art. 23. — Le temps passé dans leurs foyers par les officiers de l'armée territoriale compte pour l'ancienneté de grade.

Le temps passé dans la position hors cadres et le temps de la suspension sont déduits de l'ancienneté.

Art. 24. — Les dispositions antérieures contraires au présent décret sont et demeurent abrogées.

Art. 25. — Le ministre de la guerre est chargé de l'exécution du présent décret.

Fait à Paris, le 23 mars 1894.

Par le Président de la République

Le Ministre de la guerre.

A. MERCIER.

Limoges. — FÉLIX PLAINEMAISON, Imprimeur militaire.